www.tredition.de

AF196094

Ralf Sieg

ASPHALT-HERZ

Gedichte/Briefwechsel/Zeichnungen
eines in die Jahre gefallenen Mannes.

www.tredition.de

© 2020 Ralf Sieg

Verlag und Druck:
tredition GmbH, Halenreie 40-44, 22359 Hamburg

ISBN
Paperback: 978-3-347-16351-5
Hardcover: 978-3-347-16352-2
e-Book: 978-3-347-16353-9

ASPHALTHERZ

Ein dilettantisches Plädoyer für die Liebe

Inhalt

Vorwort 10

Traumstift 13

Leeres Leben 14

Himmelmann 15

Feuer 16

Tilda I 17

Wir 21

Bleib 22

Mitte 23

BRDigung 24

Ein Jahr 26

Asphaltherz 28

Error I 29

Verfuselt 32

Glut 33

Der Tag 34

Plötzlich 35

Veränderung 36

Tilda II 37

Entfaltung...41

Halt mich 42

Die Erde 43

Error II..45

Ich bin 48

Laufen...49

Trauermantel...50

Geduld 51

Heute 53

Notizen.... Fehler! Textmarke nicht definiert.

Notizen..56

Notizen..57

Dank 58

Autor..60

„Man kann mich nicht bügeln",
sagte das Sein.

Vorwort

So, wie wir die Dinge bisher gehändelt
haben, werden wir bald an einen Punkt
gelangen, der für uns alle sehr schmerzhaft
sein wird.

An dem gerade meine Generation sich
zurecht sehr unangenehmen Fragen stellen
muss.

SEHNSÜCHTE, WÜNSCHE, AUFBRÜCHE
UND ERRUNGENSCHAFTEN HABEN
UNSERE WELT ZU DEM GEMACHT, WAS
SIE HEUTE IST.
AUGENSCHEINLICH GIBT ES DA NOCH
VIEL LUFT NACH OBEN.

Für meine Enkel

Lotte, Nils und Lea Sophie

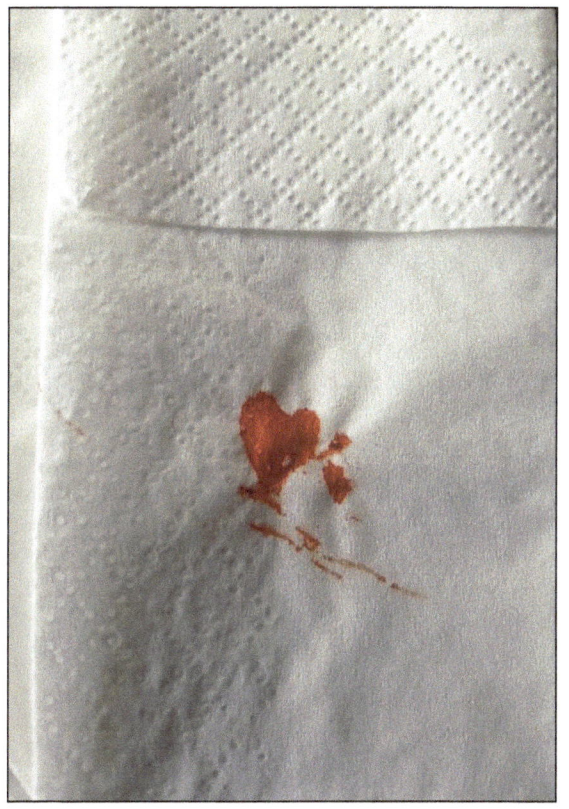

Traumstift

Wirklichkeit flugs übermalt
schnell und satt gebogen.

Gejuckt/Geschwiegen/Weggeduckt
Aufgerissen/Weg gespuckt

Sich selbst stets feist betrogen.

Unsichtbar trotz teurem Zwirn
in jeder unserer Stunden.

Verdecken wir mit dem ganzen Zeug
doch bloß nur unsere Wunden.

Leeres Leben

Leeres Leben

sucht nach Trost.

Leeres Leben ist vermoost.

Leeres Leben ist voll Unbehagen.

Leeres Leben mag nicht tragen.

Leerem Leben fehlt`s an Mut.

Leeres Leben tut nicht gut.

Himmelmann

Du bist mein „Bitte" und mein „Dankeschön"

mein Feuer und mein Rauch,

mein Oben und mein Unten.

Du bist mein Zart

und auch mein Blau.

Mein Hoch und mein Versunken.

Du bist mir einfach abgetropft

und ich hab mich betrunken.

Feuer

„Wenn Ihr mich sucht", sprach die Liebe,

„dann findet Ihr mich am Feuer."

„An welchem?"

„An dem, das Ihr entfacht."

Tilda I

Du fragst mich, warum ich mich vor dir in meinen Briefen immer so nackig mache.

Keine Sorge - ich weiß, dass man sich durch übermäßige Selbstbeobachtung und Eintönigkeit versklaven kann.

Aber du weißt auch, dass ich jemand bin, der gerne mal gen Süden schaut.

Wenn ich schreibe gelingt es mir, meine Dornen zu küssen und mit den Sternen zu schimpfen.

Selbst wenn sie mir eines Tages die Hände abschlagen sollten, finde ich immer noch eine Wurzel, in die ich meine Gefühle hinein nagen kann.

Dieses unselige nicht in sich hinein hören, diese allseits kultivierte Unachtsamkeit, haben wieder Feuer entfacht, die nie so ganz erloschen sind.

So lang schon liegen die Felder der Sehnsucht und der Begeisterung brach; wagt sich kaum noch jemand in die Zonen der Selbstzweifel und Ehrlichkeit.

So lange schon tragen wir einen viel zu eisigen Blick. Schließen wir eher aus als gastfreundlich zu sein. Fast so, als fühlten wir uns nicht wohl, da wo wir gerade stattfinden.

Schnell geschehen bei diesem Verhalten Dinge, die so unvorstellbar sind, dass würden wir versuchen sie zu greifen, sie uns vermutlich unmittelbar zu geistigen und psychischen „Störungen" führen würden.

Vermutlich kann man sich bei diesen allseits vorhandenen „Störungen" nur ein wenig stabilisieren, wenn man mit und an ihnen arbeitet.

„Es gibt keine Sonne ohne Schatten und es ist wichtig die Nacht zu kennen."

(A. Camus)

Deshalb tauche ich manchmal tief, in der Hoffnung, nicht zu versumpfen.

Dass sich die anstehenden Themen nicht falten lassen, dass sich die Zeit nicht bügeln lässt, merkst du spätestens dann, wenn dein Weg plötzlich voller Matsch, sehr steinig und unumgänglich wird.

Andere zeichnen lieber alte Grenzverläufe auf neue Bierdeckel, verbreiten metronomartig Nebelneid und orchestrieren peitschende Reden. Gerade so, als schienen sie gar nicht zu bemerken, dass sie mit jedem Menschen der in unseren Meeren umkommt, selbst ersaufen.

Dieses, von uns keine Stellung beziehen, dieses glitschige: „Ja, ein klares vielleicht", hat uns wohl bis zur Unkenntlichkeit verformt. Uns zu den „Störungen" geführt, denen wir gerade ausgesetzt sind.

Dieses, irgendwie gut „Überleben" hat wohl viele von uns von ihren Empfindungen und Wünschen ihrer Kindheit getrennt, sodass sie nicht mehr neugierig und angstfrei durch diese Welt laufen können. Dabei ist doch unser Leben in all seinen Farben und Formen unser größtes Event! Letzen Endes liegt es allein an uns, wie wir es meistern und genießen.

Vielleicht könnten wir ja wie Spülsand sein, unsere Küsten vor Sturmfluten schützen und gleichzeitig uns selbst und allen „Anderen" das Anlegen erleichtern. Vielleicht könnten wir ja etwas mehr Spürsinn entwickeln, ein wenig mehr Bewusst-Sein hochladen und so einen Ball der Völker inszenieren.

Ich will mir nicht meine Visionen stehlen lassen und in einer Welt leben, die nur noch darauf aus ist, Beute zu machen und ewig fiebrig ist. Da fühle ich mich, als würde ich den Ärmsten und Verletzlichsten auf diesem Globus, meinen Nachfahren und all den anderen Lebewesen hier, auch noch die letzten Knochen klauen.

Ich glaube in diesem Punkt hat meine Generation eh schon reichlich verkackt. Letztendlich hat jede und jeder eine Wahl und damit auch eine Verantwortung!

Ich denke, dass wir in diese Ecke der Welt hineingeboren worden sind, um Verantwortung zu tragen.

Ich denke, dass Selbstkritik und Uneigennützigkeit der Schlüssel sind, der zur Verbundenheit auf diesem Erdball führen kann.

Dass Zuhören und der Respekt vor dem Anderen Säulen sind, die die Nähe jedes Einzelnen in den Vordergrund stellen.

Dass Nähe und Vertrauen ein wichtiger Bestandteil jeder sozialen Ordnung sind, da es so gelingen kann, dass sich niemand allein gelassen, ausgesondert, vergessen oder als wertloser Rest fühlt. Soeben hat ja ein Erreger eine Art von Zäsur übernommen. Vielleicht zieht er an unserer Stelle die Notbremse! Vielleicht gibt er uns die Zeit und den Raum, den wir benötigen, um uns neu organisieren und finden zu können. Aber jetzt werden wir, trotz all unserer Sorgen und Ängste, erst einmal unsere Lektionen lernen müssen. Zum Glück ist die Gegenwart immer nur eine in die Ewigkeit eingebettete Zeit. Also jederzeit veränderbar!

Bleib Dir gut mein Herz

Wir

Wir sind

die gleiche Blume.

Dasselbe Meer.

Die gleiche Feder.

Derselbe Speer.

Bleib

Bleib Ausguck / Insel / Lavastein
heiter im Gedränge.
Bleib wach.
Bleib hier im „SEIN"
Bleib Teil der Menschenmenge.

Mitte

Die Hände voller Ungescheid
kreiseln wir auf dem Friedhof
der Leuchtreklamen.
Nass und gebeugt durch die farblose Mitte.

BRDigung

In einer Demokratie aufwachsen zu dürfen,

ist kein Geburtsrecht.

Wie eine Wanzenpresse, die nur klingt,

wenn sie auch bespielt wird,

bettelt auch sie darum, täglich neu

geliebkost und entdeckt zu werden.

Ein Jahr

Ein Jahr.

Ein Spiegel.

Ein Gesicht.

Feuer.

Glasgärten.

Maultrauriger Blick.

Ein Jahr.

Ein Spiegel.

Ein Gesicht.

Heilversprechen.

Schamrote Nächte.

In braunes Papier gefaltete Zeit.

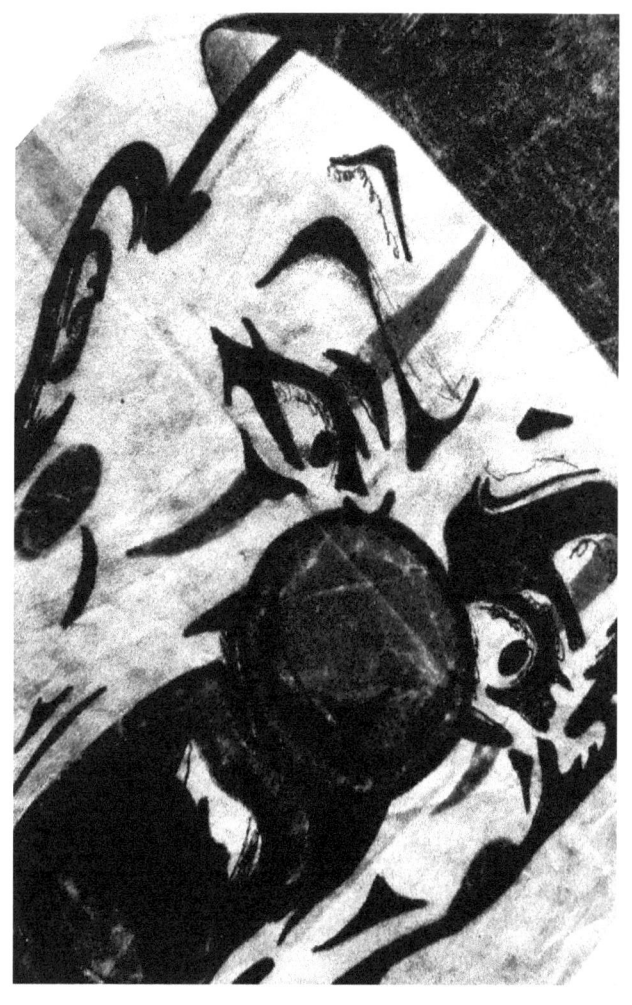

Asphaltherz

Asphaltherz
flutet sich mit Eile.

Asphaltherz
mag nicht, dass ich teile.

Asphaltherz
ist den Anderen fern.

Asphaltherz
ist sich selbst der Kern.

Asphaltherz
jagd nach Geld und Ruhm.

Asphaltherz
führt ins Altertum.

Asphaltherz
kann nicht glücklich sein.

Asphaltherz
ist zu oft allein.

Error I

Schön, dass Du da bist!

Nein, jetzt ist wahrhaft nicht die Zeit, um nur mit einem verklärten Blick, in seinen Schnürsenkeln schaukelnd, in das Besternte über sich zu starren.

Jedoch ständig überdosiert durch die Welt zu laufen, mit der Angst im Genick, dass man zu kurz kommt, dass einem etwas gestohlen wird, macht einen zu einer Person, die nur noch ihrem eigenen Schatten hinterherläuft. Hat sich erst einmal die Sonne in einem Paar Springerstiefel versteckt, wird man vermutlich später all das, was einem lieb und teuer war, in der Asche wiederfinden.

Jetzt gilt es: Raus aus der farblosen Mitte, Schluss mit dem Schweigen! Nähe malen und braune Türen weißen. Ganz gleich, wie tief, wie verloren wir auch sind.

Genauso wenig, wie man seinen Kopf in eine Mikrowelle stecken muss, um das Wesen der Physik zu studieren, genauso wenig muss man Psychologie oder Psychiatrie studiert haben, um etwas zu empfinden. Gefühle brechen einfach aus; sie folgen keinem Zweck.

So oft standen wir daneben und haben geschwiegen, obwohl wir es erahnt haben oder sogar besser wussten.

Manchmal muss man ein Brennglas über seine Wunde legen, damit einem später nicht weiter hin ein Schwarz durch die Seele plätschert.

Es liegt doch an uns, immer wieder zu überprüfen, ob das „Neue" auch das Bessere für uns, unseren Erdball ist. Es ist doch an uns, ob wir uns weiterhin von diesem „Höher, Schneller, Weiter" treiben lassen.

Nicht jedes neue, wohlschmeckende Gift ist auch ein Gewinn.

Vielleicht sollten wir, wenn wir unsere Messlatte zu hoch gelegt haben, auch bereit dazu sein, einmal unten durch zu kriechen. Nicht selten öffnet sich so ein neuer Blickwinkel, der manches in einem anderen Licht erscheinen lässt.

Vielleicht wächst dann da unten so eine Art von neuer Aufnahmebereitschaft und wir bekommen uns selbst und die „Anderen" besser in den Blick.

Sicher - letzten Endes werden wir alle Weltraumdünger sein und könnten mit diesem Wissen gelassener in die Zukunft schauen.

Aber jetzt und hier sind wir alle energiegeladene Wesen.

Ausgestattet mit Liebe, Mitgefühl, Empörung und Scham.

Wenn wir wirklich wollen, dass unseren Kindern, all unseren Nachfahren, ein Lächeln zum Kleingeld des Tages wird, sollten wir uns endlich das Laub von den Träumen fegen und handeln.

Bis bald mein Lieb!

Verfuselt

Eben noch hatten sich das „Wenn"

und das „Aber"

zu einem regungslosem „Vielleicht" verfuselt.

Da nahm sie das

„Sowohl als auch" in seine Obhut.

Und schon begannen sie,

sich zu entknoten.

Glut

Es gibt sie nicht, „die Anderen".

Damals, als wir uns noch wuschelig in den
Armen lagen und darüber nachdachten, ob
ein Sieg besser als ein Kuss schmeckt, habe
ich die ersten Schmauchspuren auf euren
Lippen entdeckt.

Irgendwann habt ihr einfach nicht mehr
nach dem Schweiß eurer glücklichen
Stunden gerochen.

Sich immer wieder an die Tage erinnern, an
denen das eigene Leben so schön wie ein
Traum war - das könnte doch ein Ziel sein.

Der Tag

Der Tag, als die Tauben zwei Himmel hoch
weiter für uns zu beten anfingen, war der Tag,
als uns des Nachts zuvor ein Engel sein letztes
Grün auf die Erde gelegt hatte.

Der Tag, als die Tauben zwei Himmel hoch
weiter für uns zu beten anfingen, war der Tag,
als die Wolken begannen schwarzen Schal zu
tragen, weil sie nicht mehr sehen konnten, dass
wir noch immer um unsere Himmelsbürgschaft
ringen.

Der Tag, als die Tauben zwei Himmel hoch
weiter beschlossen nie mehr durch das Foto
eines Hochzeitspaares zu fliegen, war der Tag,
an dem den Schreibern keine Buchstaben mehr
aus den Fingern rinnen wollten, weil sie nicht
mehr vermochten, die Blüten in ihrem Herzen
zu finden.

Plötzlich

Wirkmächtig
zeigt dir die Gegenwart,
dass du deine Seifenblasen schon immer
mit viel zu heißer Nadel gestrickt hast.

Und plötzlich fehlt dir für Eile die Zeit.

Veränderung

Liebe/Leben filtert sich.
Wird zum neuen
SEIN.

Tilda II

Ich danke dir Dank für Dein liebevolles Echo!

Ja, denken pumpt weit mehr als googeln. Anfassen und fühlen übrigens auch!

Man braucht einfach Zeit, um sich selbst in seiner eigenen Existenz lokalisieren zu können; wenn nötig auch neu zu justieren. Man braucht Raum, um in Ruhe zu überprüfen ob all die von unserer Gesellschaft einmal getroffenen Übereinkünfte, all die Reihenfolgen und Etikettierungen und die damit erschaffene „Realität" sich mit seiner Vorstellung vom Leben decken. Erst recht dann, wenn einem die „Realität" zu etwas Absurdem geworden ist. Dieses" immer höher, immer weiter", diese alltägliche Hetze, hat uns vermutlich faul gemacht. Im Kopf genauso wie von innen.

Immer wenn mich diese „real existierende Wirklichkeit" schreckt, wünsche auch ich mir, dies sei nur eine Fiktion. Ist es aber nicht!

Wir haben zugelassen, dass die, die nie daran interessiert waren, die Sprache und Sorgen aller weltweit Beteiligten zu verstehen, das die, die nie daran interessiert waren eine Balance zwischen den Polen Gleichheit und Zwang, Vertrauen und Misstrauen herzustellen, immer intensiver den Hass und die Angst bedient haben und vielleicht sogar bald die Oberhand gewinnen werden. Vermutlich brauchen sie etwas, um sich selbst und ihre eigene Haltung nicht verachten zu müssen. Oder sie kennen einfach keinen anderen Weg, um sich auch einmal Groß, Stark und Stolz zu fühlen. Bis wird dahin gekommen sind, wo wir heute stehen, war es ein langer Prozess. Vermutlich wird es, um diesen zu wandeln, vielerlei Anstrengungen bedürfen und viel, viel Zeit brauchen.

Verunsichert und aufgewühlt von den vielen bitteren Bildern, nicht weg zu schauen, nicht zu verdrängen, nicht der Trägheit zu erliegen, ist gar nicht so einfach und erfordert eine Menge Mut!

Vielleicht haben wir unser Herz und unser Gewissen irgendwann einmal einfach unter dem Unrat unseres „Wohlstandes" begraben.

Vielleicht sind wir jetzt mehr damit beschäftigt, genprogrammierte Maschinen zu werden, obwohl es viel schöner ist, Geschichte mitzugestalten, als ihren Vorlagen zu erliegen. Zumal es nicht DIE Wirklichkeit gibt, sondern immer nur einzelne Versionen von ihr.

Mir scheint, als ob wir eines Tages vergessen haben, dass nur der, der an der Wertschätzung jedes Lebewesens arbeitet, auch eine höhere Wertschätzung seiner selbst erfahren kann. Mir

scheint, als hätten wir uns nach den großen Krie-
gen nicht dauerhaft genug daran gemacht, das
Mitgefühl und den Respekt anderen gegenüber
so zu pflegen, dass wir uns nicht vergiften

Handeln wir doch gerade so, als sei es uns gleich-
gültig, ob der Teufel wieder durch dieselbe Tür
eintritt.

 Es gibt sie nicht, die „Anderen." Die „Anderen"
sind ein Teil von uns, ob es uns nun passt oder
nicht!

„Die Anderen" sind die, die unter verschiedenen
Gegebenheiten in derselben Gegenwart leben
wie wir, sie aber in ihren eigenen Schuhen laufen
müssen und mit ihren eigenen Augen wahrneh-
men.

Letztendlich hat jeder seine ureigenen Erlebnisse,
die ihn formen und prägen. Einige davon können
wir allein tragen und überbrücken, andere nicht.

Vielleicht könnten wir, wenn wir es schaffen, uns
millionenfach in den Betrieben, in den Schulen, in
den Amtsstuben, den Vereinen und in unserer
Nachbarschaft einander zuzuwenden, uns die
meisten unserer Ängste und Sorgen stehlen.

Vielleicht, wenn wir in unserem täglichen Tun
den Anderen spüren und Erleben lassen, dass es
für ihn kein Vorteil ist, seine Sehnsucht, seine
Einsamkeit und erlittenen Verletzungen als
braune Krücke zu missbrauchen, könnten wir auf

Tuchfühlung bleiben und etwas seidiger mit uns sein.

Zum Glück sind wir keine Gefangenen festgelegter Zeiten, wie die Ebbe und die Flut, der Tag und die Nacht.

Zum Glück haben wir immer die Fähigkeit, uns zu entfalten, um etwas Neues zu kreieren.

Öfter mal von Zeit zu Zeit ein leidenschaftlicher Seufzer - das könnte es doch sein.

Dir jedenfalls würde ich zu jeder Zeit meinen Nacken entblößen.

Dir schmeckt doch auch immer ein wohltemperierter Kuss allemal besser als ein Stück brauner Würfelzucker!

Bleib Dir gewogen meine Tochter

PAPA

Entfaltung

Da kam die Entfaltung
des Nachts in meinem Garten daher,
säuselte mir zu, womit ich wohl behaftet sei
und flog mit dem nächsten Morgen
schon wieder fort.

Halt mich

Wenn ich weg bin
und in dir wiederkehre
halte mich solange fest
bis ich wieder da bin.

Die Erde

Zu der Zeit, als ein Mundschutz plötzlich mehr

als ein Klumpen Gold wert war, sprach die
Erde:

„Hole mir jetzt mein Licht zurück

Stille/Grüne/kleines Glück."

Ihr habt mich geleert habt mich gefalten,

habt mich bestohlen, angehalten.

Nirgendwo gemeinsam „SEIN".

Unterlasst das Stehlen, unterlasst das Plündern,

fühlt euch eins mit den Begründern.

Vielleicht mag es so gelingen,

gemeinsam neues Lied zu singen.

Bleibt bei mir und haltet mir die Treue,

damit ich mich an euch erfreue.

Ich habe euch noch viel zu geben.

Gemeinsam wachsen, das ist LEBEN!

Rita

Error II

Hi Sohn!

Ja, die Erde blutet und wir natürlich mit ihr.

Aber stieg da nicht immer schon Rauch aus unseren goldenen Opfertischen?

Ich denke, dass man sich nur vor größenwahnsinnigen Übergriffen schützen kann, wenn man immer wieder zu **begreifen** versucht, **dass jede Barbarei keine zufällige Panne in einem Kulturprozess ist.**

Die Welt scheint mir wie ein riesiger Sicherungskasten, in dem ständig irgendwo ein kleiner Kurzschluss auftritt, der gerne ignoriert oder überspielt wird, solange der Rubel rollt.

Dass sich so viele kleine Glutnester zu einem großen Schwelbrand entwickelt haben, die so gerne ignoriert und übersehen werden, solange sie nicht unser eigenes Haus zu ersticken drohen, muss einen da nicht sehr verwundern.

Die meisten von uns haben wohl genug mit ihrem eigenen kleinen Sicherungskasten zu tun, schert nicht der Nachbar oder der Rest der Welt.

Es nutzt aber nichts, seinen eigenen Rauchmelder einfach abzustellen und zu behaupten, es brennt nicht.

Vermutlich haben wir so weite Teile unserer Himmel einfach entatmet.

Mir scheint, als hätte uns diese Eile, diese prägende Vorstellung, wie man zu sein hat, was man zu tun hat, in die Irre geführt. Vermutlich fahren jetzt unsere Vorstellungen und Gewohnheiten ihre beängstigende Ernte ein.

Wir können uns nicht einander ersparen.

Wäre es da nicht gesünder, sich einander anzunähern und füreinander da zu sein?

Vielleicht, wenn uns endlich bewusst wird, dass wir nur diesen einen Erdball haben, wenn wir achtsamer mit allen Ereignissen umgehen, die hier und wo immer auf der Welt geschehen, vielleicht, wenn wir endlich einmal damit anfangen unseren Reichtum und unser Wertesystem zu hinterfragen, vielleicht, wenn wir unseren Geruchssinn schärfen und mehr auf uns und unsere Nächsten achtgeben, begreifen wir, dass selbst der kleinste Kurzschluss im hintersten Winkel dieses Planeten auch unser Haus über kurz oder lang zum Brennen bringt.

Da, wo treue Kunden als willige „Schläfer" tituliert werden, da, wo man Nahrungsmittel als „Gargut" bezeichnet, da, wo man Flussläufe zu „Entflutern" degradiert, muss sich niemand darüber wundern, wenn auch ein Attentat als die Tat eines psychisch erkrankten Täters mit gesundheitsschädlicher Folge weichgespült wird.

Wir haben es den Kettenhunden wohl eher leicht gemacht. Ist es für sie doch einfach geworden, ihren Gedanken auch Taten folgen zu lassen. Namen auf Listen zu sammeln und alte Landesgrenzen auf neue Bierdeckel zu zeichnen.

Gut, dass du mir zu bedenken gibst, dass wenn man einen Wandspruch überstreicht, es nicht dasselbe ist, als würde man ein Buch verbrennen. Aber ein bisschen Dreck muss sein!

Nicht alles erwächst aus Sauberkeit und Ordnung und reine Vernunft tötet bekanntlich jede Fantasie.

„Wahrheit", die einzige und richtige" Wahrheit" ist nur ein von ihnen in die Welt gesetzter Virus, der uns gefügig machen soll, damit wir ihnen im Gleichschritt folgen.

Gerade weil jeder Wirbel einer Galaxie tief mit uns verstrickt ist, glaube ich weiterhin unbeirrt daran, dass in jedem von uns eine positive Kraft steckt, wir in der Lage dazu sind, irgendwann einmal alle Übel dieser Welt zu überwinden

Allein schon deshalb, damit uns nicht auch noch unsere letzten Engel in die Asche fallen.

Bleib dir gut mein Sohn!

DAD

Ich bin

Ich bin ein Sender.
Ein Empfänger.
Ein Filou.
Ein Müßiggänger.

Mal ein Esel. Mal ein Reiter.
Manchmal Trittbrett
Manchmal Leiter.

Bin´s und bleibe es für immer,
mal ein Lieber,
mal ein Schlimmer.

Laufen

Glaubte einst
mein Herz verloren.

Der Mond
schien mir auf Kipp gestellt.

Suchte es in allen Taschen.
Vielen Ohren.
Reiste durch die ganze Welt.

Habe es dann im Meer gefunden.
Bei dem ganzen anderen Rest.

Flocht mir flugs
ein blaues Bändchen
und
macht es mir an meinem Schuh
dann fest.

Trauermantel

Ewigkeit
kennt kein Verweilen,
ist ein eigenes weites Land.

Gehen musst Du.
Ganz alleine.

Mit all den Blüten
in der welken Hand.

Geduld

Das Leben ist eben,
vielschichtig und leicht verletzbar.

Es mag dich lassen.
Mag dich binden.
Es mag dich suchen.
Mag dich finden.

Ist der eine Tag dir heut zu grau,
kannst du beim nächsten Morgentau,
schon wieder neue Schätze finden.

Bestimmt/Bald/Irgendwann

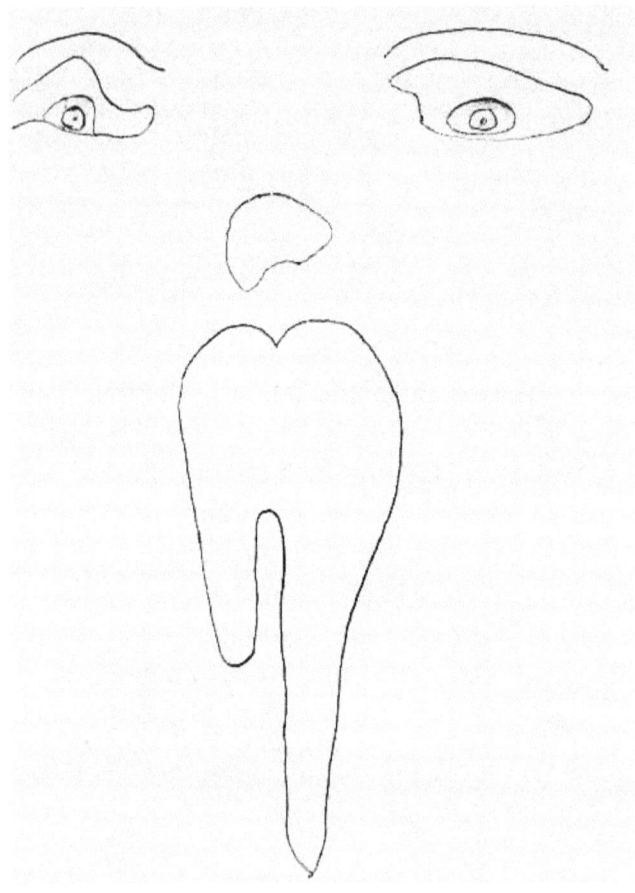

bürste ich mir mein Herz und lege es in Lauge.

Heute

ist mir wieder,
als wenn der Himmel
eine Lüge wäre.

Vermutlich
ist uns irgendwann
der Verstand verwelkt.

Aber weißt DU, was das Leuchten
zwischen den Zeilen ist?

HOFFNUNG

(Opa)

Gleich ruft Tilda an...

Notizen

Notizen

Dank

Ein besonderes Dankeschön gilt meiner
lieben Frau und langjährigen Partnerin
Claudia. Ohne sie hätte ich dieses Projekt
vermutlich nicht vollenden können.
Ich steckte so tief in ihm, dass ich tatsächlich
einige Kilos verloren und mich ziemlich
isoliert habe.
Ohne DICH wäre ich wohlmöglich während
dieser Zeit einfach emotional und rein
physisch verhungert.
KUSS

Ein weiteres Dankeschön geht an meine
Schwester Claudia, die mich als Grafikerin
und Lektorin geduldig und großherzig
unterstützt hat.

Und natürlich geht ein großes Dankeschön
an meinen Vierbeiner und guten Freund
NURI,
der mich immer wieder mit seiner Geduld,
seiner Ruhe und seiner Gelassenheit geerdet
hat.

Autor

Ralf Sieg geb. 01.11.1959 in
Naumburg/Saale.
Spracharbeiter/Hobbydichter.
Naturfreak, Tier und Menschenfreund.

Bisherige Veröffentlichungen in der
Zeitschrift "LIDDERADUR" sowie auf der
Internetplattform **Poeten.de.**

Vereinzelt Lesungen in Kulturkneipen,
Wohnzimmern oder auf der Straße.

Verheiratet. Vater zweier Kinder sowie
dreifacher stolzer OPA.

Zeitfracht Medien GmbH
Ferdinand-Jühlke-Straße 7
99095 Erfurt, Deutschland
produktsicherheit@kolibri360.de